Protocolo de actuación frente al acoso y la violencia contra las personas LGTBI en la empresa. Real Decreto 1026/2024

M. Ángeles Marín Martín

Protocolo de actuación frente al acoso y la violencia contra las personas LGTBI en la empresa. Real Decreto 1026/2024

1ª Edición

Editado por: IC Editorial
c/ Cueva de Viera, 2, Local 3
Centro Negocios CADI
29200 Antequera (Málaga)
Teléfono: 952 70 60 04
Fax: 952 84 55 03
Correo electrónico: iceditorial@iceditorial.com
Internet: www.iceditorial.com

ISBN: 978-84-1184-651-6
Depósito Legal: MA 386-2025

Impresión: PODiPrint
Impreso en Andalucía – España

Nota de la editorial: IC Editorial pertenece a Innovación y Cualificación S. L.

Índice

OBJETIVOS GENERALES

Los objetivos generales de **Protocolo de actuación frente al acoso y la violencia contra las personas LGTBI en la empresa. Real Decreto 1026/2024,** son los siguientes:

- Abordar las medidas para promover la igualdad real y efectiva de las personas trans en el ámbito laboral.
- Conocer la diversidad de la realidad social y laboral de las personas LGTBI+.
- Analizar el Plan LGTBI y su desarrollo en el ámbito laboral.
- Conocer el marco normativo de referencia en torno al diseño e implementación del "Protocolo de actuación frente al acoso y la violencia contras las personas LGTBI" en la empresa.

Unidad de aprendizaje 1

Igualdad y no discriminación LGTBIQ+ en las empresas. Ley 4/2023, de 28 de febrero, para la igualdad real y efectiva de las personas trans y para la garantía de los derechos de las personas LGTBI

Contenido

1. Introducción
2. Aproximación a conceptos relativos a las personas LGTBI+
3. Respuesta a la diversidad en el ámbito laboral
4. Resumen

Objetivos

El objetivo general de esta Unidad de Aprendizaje es:

→ Conocer la diversidad de la realidad social y laboral de las personas LGTBI+.

Los objetivos específicos de esta Unidad de Aprendizaje son:

→ Especificar las peculiaridades de los distintos conceptos relativos a diversidad familiar, sexual y de género.

→ Sintetizar las causas y consecuencias de la discriminación basada en la identidad de género.

→ Identificar qué tipo de riesgos psicosociales pueden provocar las distintas conductas de hostigamiento o acoso hacia las personas LGTBIQ+.

→ Ejemplificar herramientas y estrategias para favorecer la diversidad en los entornos de trabajo.

→ Delimitar las estrategias y herramientas para favorecer la gestión de la diversidad e inclusión en los entornos de trabajo.

1. Introducción

La gestión de la diversidad sexual y de género en el ámbito empresarial mejora la atracción, captación y permanencia del talento, aumentando la preocupación de las empresas por ser socialmente responsables.

El punto de partida será la relevancia del paradigma de la sensibilización ante la realidad que viven las personas LGTBI+. Es primordial conocer y saber diferenciar algunos términos relativos a las personas LGTBI+ así como la respuesta a la diversidad desde el ámbito laboral.

En este contexto, cabe resaltar la Ley 4/2023, de 28 de febrero, para la igualdad real y efectiva de las personas trans y para la garantía de los derechos de las personas LGTBI, cuyo objetivo es desarrollar y garantizar los derechos de las personas lesbianas, gais, bisexuales, trans e intersexuales (en adelante LGTBI), erradicando las situaciones de discriminación, para asegurar que en España se pueda vivir la orientación sexual, identidad sexual, expresión de género, las características sexuales y la diversidad familiar con plena libertad.

La consideración de colectivo de atención prioritaria, al LGTBI+ y en particular a las personas trans para la política de empleo determina la relevancia del articulado de la Ley 3/2023, de 28 de febrero, de Empleo centrando su atención en la igualdad y no discriminación LGTBI en las empresas garantizando la apuesta por una atención integral de la realidad de las personas LGTBI+.

Para ello nos basaremos en el caso de Julio, responsable del Departamento de Recursos Humanos de una organización que cuenta con distintos centros de trabajo. A Julio se le ha atribuido la tarea de ponerse al día en torno a la normativa vigente y al desarrollo reglamentario en forma de Real Decreto 1026/2024, de 8 de octubre, por el que se desarrolla el conjunto planificado de las medidas para la igualdad y no discriminación de las personas LGTBI en las empresas.

2. Aproximación a conceptos relativos a las personas LGTBI+

HILO CONDUCTOR

La visibilización y sensibilización ante la realidad de las personas LGTBI+ acercará a Julio en primer plano a una aproximación conceptual de algunos términos relacionados con el colectivo LGTBI+ abordando la diversidad familiar, sexual y de género.

La conceptualización terminológica que se abordará en las siguientes líneas engloba también conceptos relacionados con la discriminación basada en la identidad de género.

En este primer apartado y a través de los distintos epígrafes que lo integran, abordarás los conceptos de diversidad familiar, sexual y de género. Posteriormente, con la atención centrada en la discriminación basada en la identidad de género, podrás identificar los dos tipos de intervenciones que marcha el marco legislativo: Administración pública y empresas.

2.1. Conceptos relativos a la diversidad familiar

Según la **Organización Mundial de la Salud (OMS),** podemos definir *familia* como el "conjunto de personas que conviven bajo el mismo techo, organizadas en roles fijos (padre, madre, hermanos, etc.)". Pero los tipos de familia han ido cambiando a lo largo de los años, dando como fruto una gran diversidad familiar.

Para diferenciarlas correctamente se definen los distintos tipos:

Familia tradicional

- Es la familia más popular, formada por padre, padre e hijos/as. Se trata de lo que se conoce como "núcleo biparental".

Continúa en página siguiente >>

<< Viene de página anterior

Familia monoparental
- Núcleo familiar formado por una sola persona progenitora y uno o más descendientes vinculados por filiación, adopción, tutela o acogimiento familiar permanente o guarda que dependan exclusivamente de dicha persona.

Familia homoparental
- Núcleo familiar integrado por personas del mismo sexo, ya sean mujeres u hombres. Este tipo de familia puede tener descendencia por los diversos tipos existentes.

SABÍAS QUE...

En los últimos años, dado que son más los hogares formados por madres solas, se ha redefinido el término familia monomarental, respondiendo así a la necesidad de visibilizar el papel de las mujeres en la crianza y el cuidado infantil.

2.2. Conceptos relativos a la diversidad sexual y de género

La diversidad está presente en todos los aspectos de nuestra vida: cultural, étnica o sexual como es el caso que nos ocupa.

Por **diversidad sexual** se entiende la posibilidad que tiene una persona de vivir su orientación sexual e identidad de género de una manera libre.

Por ello, el concepto integra un sinfín de tipologías en materia de orientación sexual, identidad sexual, expresión de género y características sexuales. Algunas de ellas son las siguientes:

- **Bisexualidad.** Hace referencia a la capacidad de una persona de sentir una profunda atracción emocional, afectiva y sexual por personas de un género diferente al suyo o también de su mismo género, así como a la capacidad mantener relaciones íntimas y sexuales con estas personas (Naciones Unidas, derechos humanos).

- **Transexualidad.** Se refiere a aquellas personas cuya identidad de género no corresponde con el sexo asignado al nacer. A menudo optan por realizar una transición, ya sea social, legal y/o médica para alinear su cuerpo con su identidad de género. Este proceso puede incluir tratamientos hormonales y cirugías, aunque no todas las personas transexuales desean o pueden acceder a todos estos pasos de transición.
- **Pansexualidad.** Se caracteriza por la atracción hacia personas independientemente de su género. Las personas pansexuales experimentan atracción sexual, romántica o emocional basándose en la persona misma y no en su identidad de género.
- **Polisexualidad.** Se refiere a la atracción sexual, romántica o emocional hacia múltiples géneros, a diferencia de la pansexualidad, que implica atracción hacia todos los géneros independientemente de su identificación. La polisexualidad no necesariamente abarca todos los géneros, sino que se centra en más de uno. Esta orientación no debe confundirse con la bisexualidad, que tradicionalmente se asocia a la atracción hacia dos géneros.

PARA SABER MÁS

Algunos conceptos relacionados con la diversidad de género y sexual pueden ser los siguientes:

- La orientación sexual, según la atracción emocional, afectiva y/o sexual que se siente por otras personas.
- La identidad de género.
- La vivencia interna de cada persona.
- El sexo, que viene determinado por la naturaleza.

Puedes conocer la definición de cada uno de ellos de forma más detallada accediendo desde aquí:

https://redirectoronline.com/protocololgtbi0101

2.3. Conceptos relacionados con la discriminación basada en la identidad de género

La identificación y prevención de situaciones o contextos de una propia organización que puedan ser foco de manifestaciones discriminatorias contra las personas LGTBIQ+ son de vital relevancia para la garantía de derechos en los entornos laborales.

Con la publicación de la **Ley 4/2023, de 28 de febrero, para la igualdad real y efectiva de las personas trans y para la garantía de los derechos de las personas LGTBI,** se desarrollan y garantizan los derechos de las personas LGTBI, erradicando las situaciones de discriminación por orientación sexual, identidad sexual, expresión de género, características sexuales o por diversidad familiar.

En este contexto, cabe destacar la intervención de las siguientes entidades:

- **Administraciones públicas.** Las Administraciones públicas, en el ámbito de sus competencias, deberán tener en cuenta, en sus políticas de empleo, el derecho de las personas a no ser discriminadas por razón de las causas previstas en dicha ley. Se trata de un conjunto de políticas públicas para promover la igualdad efectiva de las personas LGTBI y eliminar la discriminación existente que pueda afectar en el ámbito laboral.
- **Empresas.** El artículo 15 de la Ley 4/2023, de 28 de febrero, centra su atención en la igualdad y no discriminación LGTBI en las empresas de más de cincuenta personas trabajadoras, las cuales deben contar con un conjunto planificado de medidas y recursos para alcanzar la igualdad real y efectiva de las personas LGTBI, que incluya un protocolo de actuación para la atención del acoso o la violencia contra las personas LGTBI. El desarrollo reglamentario del artículo 15.1 aparece reflejado en el Real Decreto 1026/2024, de 8 de octubre, por el que se desarrolla el conjunto planificado de las medidas para la igualdad y no discriminación de las personas LGTBI en las empresas.

Si lo deseas puedes consultar la Ley 4/2023, de 28 de febrero, para la igualdad real y efectiva de las personas trans y para la garantía de los derechos de las personas LGTBI, accediendo desde aquí:

Continúa en página siguiente >>

<< Viene de página anterior

https://redirectoronline.com/protocololgtbi0102

También puedes obtener más información sobre el Real Decreto 1026/2024, de 8 de octubre, por el que se desarrolla el conjunto planificado de las medidas para la igualdad y no discriminación de las personas LGTBI en las empresas, accediendo desde aquí:

https://redirectoronline.com/protocololgtbi0104

RECUERDA

El Real Decreto 1026/2024 da respuesta al interés general de desarrollar y de garantizar un derecho fundamental como el de la igualdad y no discriminación de las personas LGTBIQ+ como exigencia legal.

Cuando hablamos del colectivo LGTBIQ+, es habitual identificar algunas conductas para abordar el desprecio, hostigamiento, discriminación o violencia hacia personas que se reconocen a sí mismas como LGTBIQ+.

En este contexto, tomamos como contexto de referencia el marco normativo español con incidencia en las definiciones de estas conductas, que viene a plasmar la mencionada Ley 4/2023, de 28 de febrero, para la igualdad real y efectiva de las personas trans y para la garantía de los derechos de las personas LGTBI.

A continuación, puedes identificar las peculiaridades de cuatro de estas conductas:

- **Homofobia.** Se refiere al rechazo hacia las personas homosexuales. Se manifiesta a menudo en estereotipos o prejuicios que limitan el acceso al empleo o promoción profesional. Por ejemplo, una persona puede enfrentarse a hostigamiento debido a su identidad o incluso cuestionada sus capacidades profesionales debido a su orientación sexual.
- **LGTBIfobia.** El concepto de LGTBIfobia se refiere a cualquier forma de odio, rechazo o discriminación hacia las personas que forman parte de la comunidad LGTBI (lesbianas, gais, bisexuales, transgénero e intersexuales). Este tipo de discriminación puede manifestarse de diversas maneras, desde actitudes o comentarios despectivos hasta la negación de derechos básicos. Este tipo de conductas conlleva en la persona que la padece aislamiento, disminución del rendimiento laboral, depresión, etc.
- **Bifobia.** La bifobia, por su parte, se refiere al estigma y discriminación específica hacia las personas bisexuales. Suelen enfrentarse a la suposición o sospecha de que tienen una orientación sexual temporal o indecisa.
- **Transfobia.** Se trata del rechazo hacia las personas trans o aquellas que no se identifican con el género que tienen al nacer. La transfobia, al igual que sucede con la homofobia, puede manifestarse en la imposibilidad de acceder a un empleo por cuestiones de identidad de género o en el acoso en el lugar de trabajo.

TAREA 1

A Julio, como responsable de recursos humanos, el Departamento de PRL le ha pedido colaboración en la delimitación de los riesgos psicosociales y consecuencias de este tipo de conductas.

¿Puedes ayudarle a identificar posibles riesgos y consecuencias en el ámbito laboral?

APLICACIÓN PRÁCTICA

Julio recuerda que la Ley 4/2023, de 28 de febrero, para la igualdad real y efectiva de las personas trans y para la garantía de los derechos de las personas LGTBI legisla como intervención además de la asignada a las Administraciones públicas aquella que corresponde a las empresas. ¿Ayudas a Julio a identificar en qué consiste esta última intervención?

Solución

Ley 4/2023, de 28 de febrero, para la igualdad real y efectiva de las personas trans y para la garantía de los derechos de las personas LGTBI, legisla como intervención que las empresas de más de 50 personas trabajadoras deberán, en primer lugar, diseñar y poner en marcha un conjunto planificado de medidas y recursos para alcanzar la igualdad real y efectiva de las personas LGTBI. En segundo lugar, deberán disponer de un protocolo de actuación para la atención del acoso o la violencia contra las personas LGTBI.

3. Respuesta a la diversidad en el ámbito laboral

HILO CONDUCTOR

Dar respuesta a la diversidad en los entornos laborales requiere que las organizaciones deben identificar las líneas estratégicas en las que se sustenta el marco estatal, para disponer de la base sólida sobre la que plantear acciones de información, sensibilización y prevención.

A continuación, podrás identificar que premisas y actuaciones se requieren para que un entorno laboral sea catalogado de diverso e inclusivo. Seguidamente se expondrán aquellas herramientas y estrategias que existen actualmente para favorecer la diversidad en los entornos de trabajo.

3.1. ¿Qué significa ser un entorno laboral diverso e inclusivo?

La política de recursos humanos de una empresa debe asegurar que se de cumplimiento a las políticas públicas para promover la igualdad efectiva de género, la atención a personas con discapacidad en igualdad de condiciones así como la igualdad real y efectiva de las personas LGTBI en la empresa.

- Ley 6/2022, de 31 de marzo, de modificación del Texto Refundido de la Ley General de derechos de las personas con discapacidad y de su inclusión social, aprobado por el Real Decreto Legislativo 1/2013, de 29 de noviembre, para establecer y regular la accesibilidad cognitiva y sus condiciones de exigencia y aplicación.
- Ley Orgánica 3/2007, de 22 de marzo, para la igualdad efectiva de mujeres y hombres.
- Ley 4/2023, de 28 de febrero, para la igualdad real y efectiva de las personas trans y para la garantía de los derechos de las personas LGTBI.
- Real Decreto 1026/2024, de 8 de octubre, por el que se desarrolla el conjunto planificado de las medidas para la igualdad y no discriminación de las personas LGTBI en las empresas.

IMPORTANTE

Al mismo tiempo, las empresas deberán promover condiciones de trabajo que favorezcan la prevención y actuación frente al acoso sexual, el acoso por razón de sexo y otras conductas contrarias a la libertad sexual y la integridad moral en el ámbito laboral. Actuaciones en términos de protocolo como el de actuación frente al acoso y la violencia contra las personas LGTBI.

Asimismo, se arbitrarán procedimientos específicos para su prevención y para dar cauce a las **denuncias o reclamaciones** que puedan formular quienes hayan sido víctimas de estas conductas, incluyendo específicamente las sufridas en el ámbito digital.

3.2. Herramientas y estrategias para favorecer la diversidad en los entornos de trabajo

Ante la exigencia a las empresas de la responsabilidad de **implementar políticas inclusivas** que aseguren un entorno laboral libre de discriminación, algunas de las estrategias y medidas para fomentar la diversidad e inclusión laboral, en todos los ámbitos de la empresa, son:

1. **Tiempo y recursos.** Disponer por parte de la organización de **presupuesto y reconocimiento de tiempo y recursos** dedicados a implementar acciones para abordar la D&I (diversidad e inclusión).
2. **Acciones de información y sensibilización.** Implementar **acciones de información y sensibilización** dirigidas a los centros de trabajo y persona trabajadoras sobre la gestión de la diversidad LGTBI y la potenciación de valores y derechos humanos en el ámbito laboral.
3. **Estrategia de formación.** Llevar a cabo una **estrategia de formación** a distintos niveles: responsables de recursos humanos, trabajadores y trabajadoras en general, cargados intermedios, etc.
4. **Política de recursos humanos**. Reformular la **política de recursos humanos** para evitar sesgos y perpetuación de estereotipos, por ejemplo, dentro de los procesos de selección y promoción profesional en la empresa.
5. **Sinergias con otras organizaciones.** Incluir **medidas de colaboración con otras organizaciones/entidades** para trabajar la diversidad. En este contexto REDI (Red Empresarial para la Diversidad e Inclusión LGTBI) jugaría un papel fundamental para tejer alianzas entre empresas e intercambiar buenas prácticas de inclusión.
6. **Estrategias de comunicación.** La organización debe disponer de una efectiva estrategia de comunicación. La **comunicación organizacional** está compuesta por la información que circula en el interior de una organización (comunicación interna) y del mensaje que la misma proyecta hacia el exterior (comunicación externa). De este modo se hace visible externamente el compromiso de la organización a través de su Responsabilidad Social Corporativa.

Formación empresarial

PARA SABER MÁS

La intención de una comunicación externa efectiva no solo es promocionar productos o servicios de una organización, también se encargará de posicionar la imagen de la entidad, frente a su público externo. En este contexto, hay que destacar el término RSC (responsabilidad social corporativa), como herramienta para mitigar el impacto negativo de las empresas, sobre los derechos sociales, laborales, el medioambiente y, en definitiva, sobre los derechos humanos, tal como la define el Observatorio de Responsabilidad Social Corporativa. Puedes consultar más información accediendo desde aquí:

https://redirectoronline.com/protocololgtbi0103

ACTIVIDAD COMPLEMENTARIA

1. La estrategia de comunicación externa de una organización juega un papel relevante en la visibilidad de la misma hacia el exterior. Realiza una búsqueda en torno a buenas prácticas en las que se contribuya a la visibilidad y sensibilización del colectivo LGTBIQ+.

4. Resumen

La atención a la diversidad e inclusión en el ámbito laboral de las personas LGTBIQ+ es cada vez mayor, ya que el marco social y jurídico en España ha hecho posible un cambio de visión e inclusión hacia las personas del colectivo.

Una visión centrada en el ámbito laboral nos lleva a apostar por entornos laborales diversos e inclusivos en los que se promueva y respete la diversidad, incluyendo para ello políticas, líneas estratégicas y herramientas que conlleven un cambio de paradigma en la política de recursos humanos de las empresas.

Apostar por una empresa inclusiva es aportar por impulsar la innovación, creatividad y espacios libres de acoso o violencia.

Escenarios empresariales
- Acciones de información, sensibilización, formación y prevención en pro del fomento de entornos laborales diversos e inclusivos. - Estrategia de comunicación organizacional y responsabilidad social corporativa. - Sinergias con otras organizaciones. - Política de recursos humanos libres de estereotipos, sesgos, etc.

Ejercicios de autoevaluación
Unidad de Aprendizaje 1

1. La responsabilidad social corporativa es una herramienta para:

a. Mitigar el impacto negativo de las discriminaciones de género.
b. Mitigar el acoso sexual en el trabajo.
c. Mitigar el impacto negativo de las empresas sobre los derechos sociales, laborales, el medioambiente, etc.
d. Mitigar el impacto de género en el ámbito laboral.

2. Una política de recursos humanos diversa e inclusiva debe responde a:

a. Evitar discriminaciones en los procesos de reclutamiento.
b. No perpetuar estereotipos, sesgos o brechas.
c. Involucrar a la plantilla y partes implicadas.
d. Todas las opciones son correctas.

3. Se trata de un núcleo familiar integrado por personas del mismo sexo, ya sean mujeres u hombres.

a. Diparental
b. Biparental
c. No tradicional
d. Homoparental

4. La introducción de políticas de diversidad e inclusión en una empresa supone:

a. Una estrategia que impacta positivamente en el desempeño organizativo.
b. Una exigencia del marco legislativo.
c. La no identificación de desafíos en el ámbito laboral.
d. Todas las opciones son incorrectas.

5. Se puede describir como el estigma y la discriminación específica hacia las personas bisexuales, teniendo que enfrentarse a la suposición o sospecha de que tienen una orientación sexual temporal o indecisa:

a. Bifobia
b. Transgénero
c. Transfobia
d. LGTBI-fobia

Unidad de aprendizaje 2

Plan LGTBI en el ámbito laboral. Medidas para promover la igualdad real y efectiva de las personas LGBTI

Contenido

1. Introducción
2. Aproximación a las medidas contempladas en la normativa relacionada directamente con las personas LGTBI+ en el ámbito laboral
3. Protocolo de acompañamiento al empleo e integración sociolaboral de las personas trans
4. Resumen

Objetivos

El objetivo general de esta Unidad de Aprendizaje es:

→ Analizar el Plan LGTBI y su desarrollo en el ámbito laboral.

Los objetivos específicos de esta Unidad de Aprendizaje son:

→ Identificar el ámbito de aplicación del R. D. 1026/2024.

→ Sintetizar el procedimiento de negociación de las medidas planificadas.

→ Especificar los contenidos que deberán desarrollar y asumir las medidas planificadas.

→ Comprobar la cuantificación de personas trabajadoras de las empresas que da lugar a la obligación de negociar medidas planificadas.

→ Ejemplificar buenas y malas prácticas para favorecer una idónea gestión de la diversidad en los entornos de trabajo.

1. Introducción

El punto de partida de esta unidad de aprendizaje es el Real Decreto 1026/2024, de 8 de octubre,, por el que se desarrolla el conjunto planificado de medidas para la igualdad y la no discriminación de las personas LGTBI en las empresas.

Este real decreto contiene el desarrollo reglamentario del artículo 15.1 de la Ley 4/2023, de 28 de febrero, con la finalidad de planificar medidas que garanticen la no discriminación en el ámbito laboral. En el citado artículo se explicita la necesidad de que las medidas sean pactadas mediante la negociación colectiva y acordadas con la representación legal de las personas trabajadoras.

Esta norma presenta, además, otro elemento legitimador y generador de valor que merece ser destacado: la regulación del contenido y alcance de estas medidas ha sido fruto del diálogo social.

En esta unidad seguiremos proporcionando a Julio la contextualización que articula el Real Decreto 1026/2024 en torno a las medidas planificadas que deben diseñarse y asumirse en el ámbito empresarial.

2. Aproximación a las medidas contempladas en la normativa relacionada directamente con las personas LGTBI+ en el ámbito laboral

HILO CONDUCTOR

La gestión de la diversidad en la empresa acercará a Julio a centrar la atención en la determinación del alcance y contenido del Real Decreto 1026/2024, pues responde a la obligación de dar desarrollo reglamentario a las exigencias legales derivadas del artículo 15.1 de la Ley 4/2023, de 28 de febrero. Este es un marco legislativo de indiscutible interés general, por cuanto desarrolla y garantiza un derecho fundamental como el de la igualdad y no discriminación de las personas LGTBIQ+.

En este primer apartado abordarás el contenido de las medidas planificadas y catalogadas de transversales por el R. D. 1026/2024, de 8 de octubre, de referencia. En segundo lugar, pondrás el foco en el marco de la negociación colectiva, desde donde, a criterio de la Ley 4/2023, de 28 de febrero, deben pactarse el diseño de las mismas en el seno de las empresas.

2.1. Estructura y contenido de las medidas planificadas en los convenios colectivos o acuerdos de empresa. Transversalidad de las medidas

En el ámbito laboral, se introducen importantes obligaciones para las empresas que deben contemplar medidas de protección frente a toda discriminación por razón de las causas previstas en la **Ley 4/2023, de 28 de febrero, para la igualdad real y efectiva de las personas trans y para la garantía de los derechos de las personas LGTBI.**

El **artículo 15,** que viene a legislar la igualdad y no discriminación LGTBI en las empresas, expresa que aquellas que estén integradas por más de 50 personas trabajadoras deberán contar con un conjunto planificado de medidas para alcanzar la igualdad real y efectiva de las personas LGTBI. Estas medidas, junto al diseño de un **protocolo de actuación** para la atención del acoso y violencia contra dichas personas, serán fruto de la **negociación colectiva.**

A diferencia del plan de igualdad, las empresas no necesitan realizar un diagnóstico para cumplir con la normativa vigente, lo que se les requiere es implementar medidas que protejan a las personas LGTBIQ.

PARA SABER MÁS

La guía Planes LGTBI en las empresas. Guía de recomendaciones para la negociación (2024), nace como respuesta a la creación de los planes LGTBI en las empresas de España, novedad normativa introducida por la Ley 4/2023 de 28 de febrero, para la igualdad real y efectiva de las personas trans y para la garantía de los derechos de las personas LGTBI y desarrollada en el Real Decreto 1026/2024, de 8 de octubre, por el que se desarrollan los planes LGTBI.

Estructura del R. D. 1026/2024

El desarrollo reglamentario del art.15.1 de la Ley 4/2023 aparece reflejado en el **Real Decreto 1026/2024, de 8 de octubre, por el que se desarrolla el conjunto planificado de las medidas para la igualdad y no discriminación de las personas LGTBI en las empresas,** contiene el desarrollo de las medidas que se deben vehicular en el seno de las empresas, por previsión legal, a través de la negociación colectiva y con el acuerdo con la representación legal de las personas trabajadoras (RLT).

Este real decreto se articula en torno a tres capítulos, con un total de nueve artículos, dos disposiciones finales y dos anexos.

TAREA 2

A Julio una empresa proveedora le ha pedido asesoramiento en cuanto a la obligatoriedad de las medidas que establece el R. D. 1026/2024, de 8 de octubre. La empresa dispone de dos centros de trabajo, con un total de 43 personas trabajadoras. ¿Puedes ayudar a Julio en el asesoramiento con respecto a la obligatoriedad de dicha norma? Responde a las siguientes preguntas:

- Como empresa con un total de 43 personas trabajadoras ¿es obligatoria la negociación de las medidas planificadas? Si no es así, ¿podrían negociarlas igualmente?
- ¿Existe obligatoriedad con respecto al protocolo de actuación frente al acoso y la violencia contra las personas LGTBI? ¿A quién deberá aplicarse si se implanta?

Medidas planificadas en los convenios colectivos o acuerdos de empresa

Las **medidas planificadas,** tal como las denomina el R. D. 1026/2024, se aplicarán a:

- Las empresas que cuenten con más de 50 personas trabajadoras en plantilla.
- En el caso de que las empresas cuenten con 50 o menos personas en plantilla la negociación de estas medidas en voluntaria.

En cuanto a la correcta cuantificación del número de personas trabajadoras de la empresa, debe tenerse en cuenta lo siguiente:

- **Plantilla total de la empresa.** Se incluye en este total el número de centros de trabajo con los que cuente la empresa y cualquiera que sea la forma de contratación laboral:

  - Contratos fijos discontinuos.
  - Contratos de duración determinada.
  - Personas trabajadoras cedidas por empresas de trabajo temporal durante los períodos de prestación de servicios.

- **Contratos a tiempo parcial.** Aquella persona con contrato a tiempo parcial se computará, con independencia del número de horas de trabajo, como una persona trabajadora más.
- **Contratos de duración determinada.** Además, deben sumarse aquellos contratos cualesquiera que sea su modalidad, que, habiendo estado vigentes en la empresa durante los seis meses anteriores, se hayan extinguido en el momento de efectuar el cómputo. En este caso, cada cien días trabajados o fracción se computará como una persona trabajadora más. El cómputo derivado de los cálculos previstos deberá efectuarse el último día de los meses de junio y diciembre de cada año.

SABÍAS QUE...

La obligación de implementar el Plan LGTBI se mantiene, aunque el número de personas trabajadoras se sitúe por debajo de 51 en aquellos supuestos en los que:

- Una vez se haya constituido la comisión negociadora.
- Hasta que concluya el período de vigencia de las medidas planificadas acordadas.

El capítulo III del R. D. 1026/2024, de 8 de octubre, centra su atención en el contenido de las **medidas planificadas,** apuntillando que **tendrán un desarrollo transversal.**

El **anexo I** recoge las medidas planificadas que como mínimo deben contemplarse centrando la atención en:

- **Cláusulas de igualdad de trato y no discriminación.** Los convenios colectivos y acuerdos de empresa deberán recoger cláusulas de igualdad de trato y no discriminación en favor de entornos favorables a la diversidad y de erradicación de la discriminación de personas LGTBIQ+.
  Una mala práctica es incluir cláusulas genéricas que no producen ningún efecto, del tipo: "Se garantizará la igualdad y no discriminación de personas LGTBIQ+".
  Las cláusulas deben hacer referencia expresa a la orientación e identidad sexual, la expresión de género y las características sexuales.
- **Acceso al empleo.** Las empresas deben contribuir a erradicar **estereotipos** y **sesgos** hacia las personas LGTBIQ+ en los procesos selectivos.
  Como buena práctica, la empresa debe establecer procedimientos y sistemas formalizados que garanticen procesos selectivos que prioricen la formación e idoneidad de las candidaturas para el puesto de trabajo, diseñando ofertas no excluyentes y basadas en competencias.

Acceso al empleo libre de estereotipos y discriminaciones

- **Clasificación y promoción profesional.** Los **convenios colectivos** y los **acuerdos de empresa** serán los encargados de regular criterios para la clasificación, promoción profesional y ascensos, de forma que no conlleven discriminación directa o indirecta para las personas LGTBIQ+.
- **Formación, sensibilización y lenguaje.** Las empresas integrarán en sus planes de formación módulos específicos sobre los derechos de las personas LGTBI en el ámbito laboral, con especial incidencia en la igualdad de trato y oportunidades, y en la no discriminación. Una mala práctica es diseñar formación destinada solo a la plantilla de la empresa.

Uso de un lenguaje inclusivo en las empresas

Las **acciones de sensibilización y formación** deberán atender a:

1. **Personas destinatarias:** toda la plantilla, incluyendo a mandos intermedios, puestos directivos y personas trabajadoras con responsabilidad en la dirección de personal y recursos humanos.
2. **Contenidos mínimos que incluir:**

   - Difusión del conjunto de medidas planificadas LGTBI recogidas en el o los convenios colectivos de aplicación en la empresa, o los acuerdos de empresa en su caso, así como su alcance y contenido.
   - Definiciones o conceptos básicos sobre diversidad sexual, familiar y de género contenidas en la Ley 4/2023, de 28 de febrero.
   - Protocolo de acompañamiento a las personas trans en el empleo, en caso de que se disponga del mismo.
   - Protocolo para la prevención, detección y actuación frente al acoso discriminatorio o violencia por razón de orientación e identidad sexual, expresión de género y características sexuales.

- Se deben fomentar medidas para el uso de un **lenguaje inclusivo** y respetuoso con la diversidad en las empresas.
- **Entornos laborales diversos, seguros e inclusivos.** Se debe promover la heterogeneidad de las plantillas para lograr entornos laborales diversos, inclusivos y seguros, asegurando el compromiso ético en el entorno laboral. Juega un papel relevante el **protocolo de actuación frente al acoso y la violencia en contra de las personas LGTBIQ+.**
- **Permisos y beneficios sociales:**

  - Por un lado, se garantizará el disfrute en condiciones de igualdad de los permisos que establezcan los convenios colectivos o acuerdos con especial atención a las **personas trans.**

- Por otro lado, los convenios colectivos o acuerdos deberán atender a la realidad de las familias diversas, cónyuges y parejas de hecho LGTBI, garantizando el acceso a **permisos, beneficios sociales y derechos** sin discriminación por razón de orientación e identidad sexual y expresión de género.

- **Régimen disciplinario.** El régimen disciplinario que quede regulado en los convenios colectivos deberá incluir **infracciones y sanciones** por comportamientos que atenten contra la libertad sexual, la orientación e identidad sexual y la expresión de género de las personas trabajadoras.

NOTA

La Inspección de Trabajo y Seguridad Social vigilará el cumplimiento del R. D. 1026/2024, y que las medidas acordadas se adecuen a los requisitos legales y reglamentarios.

APLICACIÓN PRÁCTICA

En el contexto del procedimiento de negociación de las medidas planificadas, a Julio no le quedan claras las premisas para aquellas empresas donde no exista RLT y que carezcan de convenio colectivo de aplicación. Ayuda a Julio a identificar dicho procedimiento.

Solución

En las empresas donde no exista RLT y se carezca de convenio colectivo de aplicación, se creará una comisión negociadora, que estará constituida por la representación de la empresa y por una RLT integrada por los sindicatos más representativos y los sindicatos representativos en el sector al que pertenezca la empresa.

La parte social de esta comisión negociadora estará válidamente integrada por aquella organización u organizaciones sindicales que respondan a la convocatoria de la empresa en el plazo de diez días hábiles, ampliables en otros diez días hábiles si ninguna respondiera en el primer periodo. En caso de que no

Continúa en página siguiente >>

<< Viene de página anterior

se obtuviera respuesta en ese nuevo plazo, la empresa podrá proceder unilateralmente a la determinación de las medidas planificadas de acuerdo con los contenidos recogidos en el Real Decreto 1026/2024.

ACTIVIDAD COMPLEMENTARIA

2. Abordar el principio de igualdad de trato, oportunidades y no discriminación hacia las personas LGTBIQ, conlleva conocer buenas prácticas y aquellas denominadas como malas prácticas. Realiza una búsqueda de información sobre las malas prácticas que no contribuyan de forma idónea a desarrollar los siete contenidos en torno a los cuales deben versar las medidas planificadas de una empresa con respecto al colectivo LGTBIQ+.

2.2. El Plan LGTBI. La negociación colectiva en la planificación de medidas

La finalidad de la **negociación colectiva** es regular derechos y responsabilidades de las partes implicadas desde la atención a la diversidad e inclusión, ampliando así el ámbito de la protección laboral.

La negociación colectiva como herramienta para la planificación de medidas LGTBIQ+

El deber de negociar medidas planificadas para la igualdad y no discriminación de las personas LGTBIQ+ en las empresas se llevará a cabo a través de la negociación colectiva de la siguiente forma:

Empresa con convenio colectivo

- Las medidas planificadas se negociarán en el marco de estos. Por ejemplo, en los convenios colectivos que se encuentren firmados con anterioridad a la entrada en vigor del R. D. 1026/2024, de 8 de octubre, la comisión negociadora se reunirá para abordar exclusivamente la negociación de las medidas planificadas previstas en el anexo I.

Convenio colectivo de ámbito superior a la empresa

- Las medidas planificadas serán negociadas en el marco de dichos convenios, los cuales establecerán los términos y condiciones en los que tales medidas se adaptarán en el seno de las empresas.

En ausencia de convenio colectivo

- Aquellas empresas que cuenten con RLT negociarán las medidas planificadas mediante acuerdos de empresa.

En ausencia de convenio colectivo y RLT

- En las empresas que no cuenten con un convenio colectivo de aplicación y carezcan de RLT, la negociación de estas medidas planificadas se hará de acuerdo con el artículo 6.4 del R. D. 1026/2024.

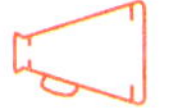

RECUERDA

En las empresas con varios centros de trabajo, el procedimiento de negociación correrá a cargo del comité intercentros, si existe y tiene establecidas competencias para la negociación.

El plazo para llevar a cabo la negociación o determinación de las medidas planificadas se estipula según las siguientes casuísticas empresariales:

A través de convenio colectivo/ acuerdo de empresa y en ausencia de convenio colectivo de aplicación con RLT	En ausencia de convenio colectivo y RLT
- Deberá iniciarse el procedimiento de negociación de las medidas planificadas mediante la constitución de la **comisión negociadora dentro del plazo máximo de los tres meses siguientes a la entrada en vigor del R. D. 1026/2024.**	- El plazo máximo para la constitución de la **comisión negociadora será de seis meses, contados desde la entrada en vigor del citado real decreto.**

IMPORTANTE

Transcurridos tres meses desde el inicio del procedimiento de negociación de las medidas planificadas sin que se haya alcanzado un acuerdo sobre estas, o en el supuesto de que el convenio colectivo de aplicación no incluya las medidas planificadas, las empresas obligadas a negociar deberán aplicar el conjunto de medidas establecidas en el R. D. 1026/2024. Dichas medidas se continuarán aplicando hasta que entren en vigor las que posteriormente se puedan acordar mediante convenios colectivos o acuerdos de empresa.

3. Protocolo de acompañamiento al empleo e integración sociolaboral de las personas trans

HILO CONDUCTOR

Teniendo en cuenta las motivaciones que inspiran la norma, así como las reiteradas aclaraciones de "con especial atención a las personas trans" que se hacen en varios apartados del R. D. 1026/2024, Julio sabe que contar con un protocolo de acompañamiento a las personas trans en el empleo se vuelve, si bien no obligatorio desde el punto de vista legal, muy pero que muy necesario en la práctica, por lo que es totalmente recomendable incluirlo también en el plan LGBTI y no limitarse a cumplir tan solo con los requerimientos mínimos.

El título II de la Ley 4/2023, de 28 de febrero, incluye un conjunto de medidas para promover la igualdad real y efectiva de las personas trans. Su capítulo II, además de establecer unas líneas generales de actuación de los poderes públicos, regula una serie de medidas para **promover la igualdad efectiva de las personas trans** en diferentes ámbitos: laboral, de la salud y educativo.

El Plan LGTBI no debe limitarse a repetir las medidas que se hayan negociado en el convenio o acuerdo, sino que debe ser la herramienta que traslade las medidas del convenio a la realidad de la empresa. Además, el plan también sirve para recoger mejoras y medidas adicionales que puedan considerarse como mejoras, como puede ser la aplicación de un **protocolo de acompañamiento trans** o la implementación de la figura del o de la **agente LGTBI** en la empresa.

IMPORTANTE

El protocolo de acompañamiento al empleo e integración sociolaboral de las personas trans deberá contemplar, entre otros aspectos:

- Conocer el grado de diversidad y sensibilidad hacia el colectivo por parte de la empresa.
- Atender a la transición de género y el momento en el que la persona pueda encontrarse (proceso por el cual las personas trans empiezan a vivir sus vidas según el género con el que se identifican).
- Abordar la perspectiva del empoderamiento para fortalecer la autoestima en el empleo y hacer resurgir habilidades como la resiliencia o la proactividad.
- Factores que influyen en el empleo e integración sociolaboral de las personas trans: variables intrínsecas (situación psicosocial y aspiraciones) y variables extrínsecas que provienen directamente del entorno.

En lo que al fomento del empleo de las personas trans se refiere, se apuesta por dos tipos de medios: **planes específicos para el colectivo** y diseño de **medidas de acción positiva** para la mejora de la empleabilidad de las personas trans.

Eso sí, la norma hace especial hincapié en la relevancia de las necesidades específicas de las mujeres trans.

NOTA

El artículo 6 de la Ley 15/2022, de 12 de julio, integral para la igualdad de trato y la no discriminación, vuelve a definir el concepto y expresa las características que deben definir las medidas de acción positiva:

- Su finalidad es la de prevenir, eliminar o compensar una discriminación o desventaja, para acabar con los obstáculos específicos que dificultan los derechos de las personas. Cuentan con un carácter temporal.
- Deberán estar justificadas y ser proporcionales a los objetivos que se quieran perseguir, así como a los medios o recursos que se pongan en marcha para la finalidad establecida.

4. Resumen

El Real Decreto 1026/2024 es eficaz, por ser la norma reglamentaria y el instrumento más adecuado para garantizar la consecución de los objetivos de la Ley 4/2023. Pasando a regular los aspectos imprescindibles para que se pueda cumplir lo previsto en el mismo y en la norma que desarrolla, y así garantizar el derecho a la igualdad real y efectiva de las personas trans y los derechos de las personas LGTBI en los entornos laborales.

El contenido del real decreto entronca con los siguientes tres instrumentos para alcanzar la ansiada igualdad real y efectiva en el ámbito laboral:

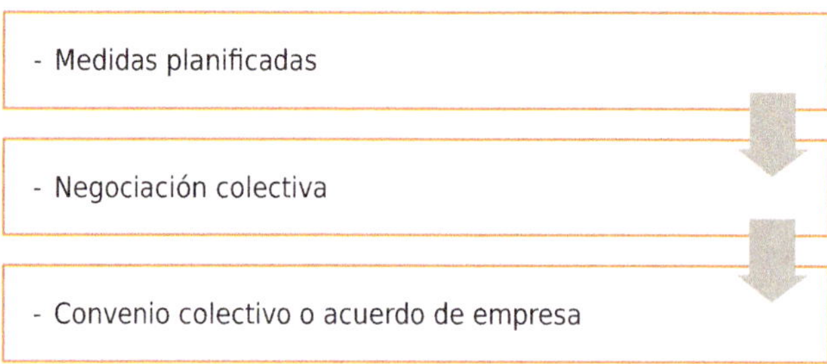

Ejercicios de autoevaluación Unidad de Aprendizaje 2

1. **En las empresas que carezcan de convenio colectivo de aplicación y no cuenten con RLT, la negociación de las medidas planificadas se llevará a cabo a través de las comisiones negociadoras:**

   - Verdadero
   - Falso

2. **Las medidas de acción positiva...**

   a. ... tienen carácter temporal y son aplicables mientras persista la discriminación o desventaja para la que se crearon.
   b. ... son medidas específicas en favor de mujeres o personas LGTBIQ+ para corregir situaciones patentes de desigualdad.
   c. ... deben estar debidamente justificadas y acordes a objetivos definidos.
   d. Todas las opciones son correctas.

3. **Transcurridos tres meses desde el inicio del procedimiento de negociación de las "medidas planificadas" sin que se haya alcanzado un acuerdo sobre estas, o en el supuesto de que el convenio colectivo de aplicación no incluya las medidas planificadas, las empresas...**

   a. ... aplicarán el conjunto de medidas establecidas en el Real Decreto 1026/2024.
   b. .. aplicarán dichas medidas hasta que entren en vigor las que posteriormente se puedan acordar mediante convenio colectivo o acuerdo de empresa.
   c. ... deben obligatoriamente negociar sobre las medidas planificadas trascurridos los tres meses.
   d. Las opciones a y b son correctas.

4. **A efectos de la cuantificación del número de personas trabajadoras de la empresa que da lugar a la obligación de negociar medidas planificadas, se tendrá en cuenta:**

   a. Cualquiera que sea la forma de contratación laboral, excluidos los contratos fijos discontinuos.
   b. La exclusión de los contratos a tiempo parcial.

c. Cualquiera que sea la forma de contratación laboral, incluidas las personas con contratos fijos discontinuos, de duración determinada y personas contratadas para ser puestas a disposición.
d. La exclusión de los contratos a tiempo parcial y de duración determinada.

5. El protocolo de acompañamiento al empleo e integración sociolaboral de las personas trans como colectivo especialmente vulnerable deberá incluir:

a. Transversalidad en las medidas.
b. Transición de género en el que la persona se encuentre, así como variables intrínsecas y extrínsecas a la persona.
c. Planes específicos y medidas de acción positiva.
d. Medidas frente al acoso y violencia por si la persona sufre este tipo de conducta.

Unidad de aprendizaje 3

Protocolo de actuación frente al acoso y la violencia contra las personas LGTBI

Contenido

1. Introducción
2. Estructura y contenido del protocolo ante situaciones de acoso por orientación e identidad sexual y expresión de género
3. Prácticas preventivas y mecanismos de detección y de actuación frente al acoso a personas LGTBI+
4. Prevención del acoso y la violencia hacia las personas trans en el mundo laboral
5. Resumen

Objetivos

El objetivo general de esta Unidad de Aprendizaje es:

→ Conocer el marco normativo de referencia en torno al diseño e implementación del protocolo de actuación frente al acoso y la violencia contras las personas LGTBI en la empresa.

Los objetivos específicos de esta Unidad de Aprendizaje son:

→ Especificar las peculiaridades en torno al protocolo que determina el R. D. 1026/2024.

→ Identificar el procedimiento de actuación al que se ajustará el protocolo de actuación frente al acoso y la violencia contra las personas LGTBI según el R. D. 1026/2024.

→ Plantear acciones/herramientas que contemplar para los distintos tipos de prevención existentes.

→ Reconocer algunas premisas de prevención del acoso y las violencias hacia las personas trans en el mundo laboral.

1. Introducción

El punto de partida de esta unidad de aprendizaje es el anexo II del Real Decreto 1026/2024, que recoge la **estructura y contenido del protocolo ante situaciones de acoso por orientación e identidad sexual y expresión de género.**

Dicho anexo refleja qué contenidos mínimos debe contemplar este protocolo ante situaciones de acoso por orientación e identidad sexual y expresión de género: declaración de principios, ámbito de aplicación, principios rectores y procedimiento de actuación.

En esta unidad seguiremos proporcionando a Julio la información que articula el Real Decreto 1026/2024 en torno al protocolo, así como la identificación de prácticas preventivas y mecanismos de detección y de actuación frente al acoso a personas LGTBI+. A su vez, ahondaremos en la prevención del acoso y la violencia hacia las personas trans en el mundo laboral.

2. Estructura y contenido del protocolo ante situaciones de acoso por orientación e identidad sexual y expresión de género

HILO CONDUCTOR

En el contexto de la protección frente a la discriminación y la violencia del colectivo LGTBI, surge el impulso de la creación de protocolos de actuación. Julio tendrá la oportunidad de conocer la implantación del protocolo LGTBI, sumándose así esta propuesta a las medidas de obligado cumplimiento para las empresas de más de 50 personas trabajadoras.

En este apartado abordarás la estructura y contenido del protocolo de acoso en la labor de promover entornos laborales diversos, inclusivos y seguros.

El artículo 15 de la Ley 4/2023, de 28 de febrero, legisla que las empresas de más de cincuenta personas trabajadoras deberán contar con un protocolo de actuación para la atención del acoso o la violencia contra las personas LGTBI.

Protocolo ante situaciones de acoso por orientación e identidad sexual y expresión de género

La estructura y contenido del **protocolo ante situaciones de acoso por orientación e identidad sexual y expresión** de género se ajustará, como mínimo, a los siguientes apartados:

- **Compromiso explícito TOLERANCIA 0.** Acuerdo firme de no tolerar en el seno de la empresa ningún tipo de práctica discriminatoria considerada como acoso por razón de orientación e identidad sexual y expresión de género.
- **Principios rectores y garantías del procedimiento.** Respeto y protección de la intimidad, confidencialidad, diligencia y rapidez en la investigación, entre otros.
- **Ámbito de aplicación.** Personas que trabajan en la empresa, siempre que desarrollen su actividad dentro del ámbito organizativo de la misma. También se aplicará a quienes solicitan un puesto de trabajo, al personal de puesta a disposición, proveedores, clientela y visitas, entre otros.
- **Procedimiento de actuación.** Este será el siguiente:

    1. *Denuncia* o *queja* por parte de la persona afectada o por quien ésta autorice y plazo máximo para su resolución.
    2. Tras la recepción de la queja o denuncia, una vez constatada la situación de acoso, se adoptarán *medidas cautelares* o *preventivas* sobre la víctima.
    3. En el plazo máximo de los días hábiles acordados y desde que se convoca la comisión, se debe emitir un *informe vinculante.*

- **Resolución.** Medidas de actuación necesarias, teniendo en cuenta las evidencias, recomendaciones y propuestas de intervención del informe emitido por la comisión.

DEFINICIÓN

Protocolo frente al acoso por razón de orientación sexual, identidad de género y/o expresión de género
Herramienta para la acción sindical de gran utilidad para los fines propuestos. Permite establecer mecanismos para la prevención del acoso o situaciones potencialmente constitutivas de acoso.

TAREA 3

En uno de los centros de trabajo de la empresa de Julio se ha producido una denuncia por acoso LGTBI-fóbico. La organización se plantea emitir un informe vinculante tras la recepción de la denuncia.

Identifica si es o no correcto el procedimiento iniciado tras la recepción de la denuncia y justifica tu respuesta.

3. Prácticas preventivas y mecanismos de detección y de actuación frente al acoso a personas LGTBI+

HILO CONDUCTOR

La promoción de la diversidad en materia de orientación sexual, identidad sexual, expresión de género, características sexuales y de la diversidad familiar

Continúa en página siguiente >>

<< Viene de página anterior

conlleva medidas de prevención, eliminación y corrección de toda forma de discriminación de las personas LGTBIQ+.

De aquí la importancia de que Julio contemple en su empresa buenas prácticas preventivas y mecanismos de detección y actuación frente al acoso y violencia LGTBI-fóbicas.

Las **medidas preventivas** deberán adaptarse como mínimo a las tres formas de prevención: **primaria, secundaria y terciaria** aplicable tanto a situaciones de *bullying* en un centro educativo, de *mobbing* laboral o situaciones discriminatorias hacia personas LGTBIQ+ en el ámbito laboral.

Para una correcta identificación de las tres formas de prevención debes tener en cuenta lo siguiente:

- **Prevención primaria.** Su finalidad es evitar la aparición de situaciones de acoso y violencia, actuando sobre los factores que pueden dar lugar a este tipo de conductas.
- **Prevención secundaria.** Su finalidad es la de diagnosticar o determinar precozmente la existencia del acoso o violencia hacia las personas LGTBIQ+, identificando las situaciones de riesgo que se pueden producir en términos de evaluación de riesgos psicosociales. Según la relación entre persona acosadora y acosada se distingue entre: "acoso horizontal" es en el que no existe relación jerárquica entre la persona o se da entre iguales, "acoso descendente" procede de una jerarquía superior a la víctima y "acoso descendente", al contrario de este último.
- **Prevención terciaria.** Su finalidad es doble: proteger a la persona afectada objeto del acoso o violencia, el establecimiento de medidas cautelares o preventivas hacia la víctima mientras se desarrolla el procedimiento de actuación hasta su resolución.

PARA SABER MÁS

Desde Comisiones Obreras de Industria se presenta una guía en la que se desarrollan propuestas en materia de igualdad de trato y no discriminación; acceso al empleo; clasificación y promoción profesional; formación; sensibilización y

Continúa en página siguiente >>

<< Viene de página anterior

lenguaje; permisos y beneficios sociales, etc. También se propone un modelo de protocolo de actuación frente a situaciones de discriminación, violencia y acoso. Puedes consultarla accediendo desde aquí:

https://redirectoronline.com/procololgtbi0301

APLICACIÓN PRÁCTICA

En cuanto a los distintos tipos de prevención, ¿puedes ayudar a Julio a identificar cuáles son las distintas medidas que contemplar en la conocida como prevención terciaria en torno a la atención a personas LGTBIQ+ en el ámbito laboral?

Solución

Las medidas en la conocida como "prevención terciaria" en torno a la atención a personas LGTBIQ+ en el ámbito laboral contemplan proteger a la persona afectada objeto del acoso o violencia, así como el establecimiento de medidas cautelares o preventivas hacia la víctima mientras se desarrolla el procedimiento de actuación hasta su resolución.

ACTIVIDAD COMPLEMENTARIA

3. Abordar los distintos tipos de prevención conlleva no solo conocer la finalidad de cada uno de ellos, sino delimitar las medidas más eficaces que se pueden poner en marcha desde cada uno de ellos.

Continúa en página siguiente >>

<< Viene de página anterior

Realiza una búsqueda sobre acciones/herramientas que se pueden contemplar para los tres tipos de prevención identificados: primaria, secundaria y terciaria.

Por ejemplo: realizar por parte de la empresa un seguimiento periódico a través de encuestas de clima laboral (prevención primaria).

4. Prevención del acoso y la violencia hacia las personas trans en el mundo laboral

HILO CONDUCTOR

La gestión de la diversidad en la empresa también debe prestar especial atención a la realidad de las personas trans, tal como estipula el marco legislativo, proponiéndose para ello actuaciones que incidan en la defensa de los derechos de las personas trans y, especialmente de las mujeres trans.

En estas líneas podrá Julio identificar algunos aspectos que pueden resultarle de interés de cara a elaborar acciones de prevención del acoso y la violencia trans.

La realidad de las **personas transexuales (trans)** no siempre es visibilizada e integrada con naturalidad a cualquier nivel, debido a obstáculos de distinta naturaleza que conectan con un sistema de creencias profundamente sexistas y transfóbicas. De este modo, en el ámbito laboral se hace más que relevante incidir en la prevención del acoso y las violencias hacia las personas trans en el mundo laboral, haciendo hincapié en las mujeres trans. Entre las actuaciones que tener en cuenta debes atender a:

Acciones de sensibilización y formación en torno a la realidad trans
- Abordar el proceso por el que las personas se adecuan a su identidad de género.

Continúa en página siguiente >>

<< Viene de página anterior

Riesgos psicosociales acordes al proceso de transición de las personas trans
- Delimitar las especificaciones oportunas en torno a la "evaluación de riesgos psicosociales" de las personas trans a lo largo del proceso de transición si la persona se somete a él.

Delimitación de actuación específica dentro del protocolo de acoso y la violencia contra las personas LGTBI
- El propio protocolo deberá contemplar las específicas del propio colectivo trans.

5. Resumen

Una visión centrada en el protocolo de actuación frente al acoso y la violencia contra las personas LGTBI te ha llevado a centrar el foco en los contenidos mínimos que debe contemplar este protocolo ante situaciones de acoso por orientación e identidad sexual y expresión de género. El protocolo es de carácter obligatorio para las empresas de más de 50 personas trabajadoras y voluntario para las organizaciones con un número menor.

La prevención del acoso y violencia hacia las personas trans merece una especial atención, tal como queda reflejado en la norma.

De modo que, el compromiso por parte de la propia organización y el trabajo conjunto con personas trabajadoras y RLT desde la base de la negociación colectiva, es el escenario del discurso de la atención a la diversidad e inclusión libre de discriminación o intolerancia hacia las personas LGTBIQ+ en el ámbito laboral.

- Protocolo de actuación frente al acoso y la violencia
- Atención al colectivo trans
- Negociación colectiva

Ejercicios de autoevaluación Unidad de Aprendizaje 3

1. Determina si la siguiente oración es verdadera o falsa: "La finalidad de la prevención terciaria es la de diagnosticar o determinar precozmente la existencia del acoso o violencia hacia las personas LGTBIQ".

- Verdadero
- Falso

2. Un ejemplo de prevención secundaria en la empresa sería:

a. Identificar la evaluación de riesgos psicosociales del acoso y la violencia.
b. Actuaciones de concienciación y sensibilización dirigidas a todas las personas incluidas dentro del ámbito de aplicación del protocolo.
c. Proteger a la víctima de las secuelas que le haya ocasionado la situación de acoso.
d. Todas las opciones son correctas.

3. Determina si la siguiente oración es verdadera o falsa: "En el plazo máximo de los días hábiles acordados se debe emitir un informe vinculante tras la recepción de la queja o denuncia por acoso y antes del procedimiento de actuación".

- Verdadero
- Falso

4. En la atención a las personas trans en el ámbito laboral pueden destacarse como medidas:

a. Acciones formativas sobre el proceso de transición de género.
b. Delimitación de actuación específica dentro del protocolo de acoso y la violencia contra las personas LGTBI.
c. Evaluación de riesgos psicosociales de las personas trans.
d. Todas las opciones son correctas.

5. La conocida prevención primaria contempla medidas del tipo:

a. Compromiso de tolerancia 0 por parte de la empresa.
b. Formación a nivel organizacional sobre el acoso y la violencia contra las personas LGTBIQ y personas trans.
c. Protección a la persona afectada en caso de queja o denuncia de una situación de acoso o violencia.
d. Las opciones a y b son correctas.

Glosario

Comisión negociadora
Composición paritaria de representantes de la empresa y representación de las personas trabajadoras.

Convenio colectivo
Tal como define el Ministerio de Trabajo y Economía, es un acuerdo suscrito por la representación de las personas trabajadoras y el empresariado para fijar las condiciones de trabajo y productividad.

Diversidad sexual
Hace referencia a todas las posibilidades que tienen las personas de aceptar, manifestar y vivir su propia sexualidad.

Familia LGTBI
Núcleo familiar en el que está presente la diversidad sexual en cualquier de sus formas.

LGTBI-fobia
Se refiere a cualquier forma de odio, rechazo o discriminación hacia las personas que forman parte de la comunidad LGTBI (lesbianas, gais, bisexuales, transgénero e intersexuales). Este tipo de discriminación puede manifestarse de diversas maneras, desde actitudes o comentarios despectivos hasta la negación de derechos básicos.

PLAN LGTBI
Conjunto planificado de medidas y recursos para alcanzar la igualdad real y efectiva de las personas LGTBIQ+ en las organizaciones.

Protocolo LGTBI
Protocolo de actuación frente al acoso y la violencia contra las personas LGTBI.

RLT
Representación legal de las personas trabajadoras.

Bibliografía

Textos electrónicos, bases de datos y programas informáticos

→ *Asociación Red Empresarial por la Diversidad e Inclusión LGBTI* (REDI), de: <https://www.redi-lgbti.org/>.

Ecosistema de empresas y profesionales en España que trabaja para fomentar entornos laborales seguros y respetuosos con todas las personas, independientemente de su identidad, características sexuales, expresión de género u orientación sexual.

→ CUBERO Marcos, J. L.: *Las llamadas cláusulas sociales en los contratos del sector público: cuestiones competenciales y libre concurrencia para la fijación de condiciones salariales,* de: <https://laadministracionaldia.inap.es/noticia.asp?id=1510393>.

Este trabajo tiene por objeto aportar criterios que permitan conciliar el legítimo propósito de las Administraciones públicas para garantizar unas condiciones sociales dignas con los requisitos de índole competencial y aquellos que pudieran afectar a la libre concurrencia.

→ *Federación Estatal de Lesbianas, Gais, Trans, Bisexuales, Intersexuales y más. FELGTBI+,* de: <https://felgtbi.org/>.

ONG estatal de carácter laico, laicista, feminista, apartidista y asindicalista que agrupa a más de 50 entidades LGTBI+ de todo el territorio español. Trabajamos por la diversidad afectivo-sexual, familiar y de género, así como por la lucha contra el VIH y sida.

Legislación y normativa

→ Real Decreto 1026/2024, de 8 de octubre, por el que se desarrolla el conjunto planificado de las medidas para la igualdad y no discriminación de las personas LGTBI en las empresas.

- Ley 2/2023, de 20 de febrero, reguladora de la protección de las personas que informen sobre infracciones normativas y de lucha contra la corrupción que se refiere su artículo 2, a través de los procedimientos previstos en esta.

- Ley 4/2023, de 28 de febrero, de indiscutible interés general, por cuanto desarrollan y garantizan un derecho fundamental como el de la igualdad y no discriminación.